Liebeskummer
- ohne mich! Letizia Laford

Das Kritzelbuch, Ausfüllbuch und Malbuch

Bibliografische Information der Deutschen Nationalbibliothek:
Die Deutsche Nationalbibliothek verzeichnet diese Publikation in der Deutschen Nationalbibliografie;
detaillierte bibliografische Daten sind im Internet über http://dnb.dnb.de abrufbar.

1. Auflage 2017

Coverabbildung: Letizia Laford mit Grafiken von veekicl (#117245047, #178395016, #163103909, #163103946, #180008506, #175980215, #175102746) /fotolia
Gestaltung: Letizia Laford mit Grafiken von veekicl (#117245047, #178395016, #163103909, #163103946, #180008506, #175980215, #175102746) / fotolia &
yasnaten (#117245047) / fotolia
Herstellung und Verlag: BoD – Books on Demand, Norderstedt
ISBN: 978-3-746-03560-4

Wichtiger Hinweis zu diesem Buch

Sie übernehmen die volle Verantwortung für Ihr Tun. Dieses Buch ersetzt keinen Besuch bei einem Arzt oder Psychotherapeuten.

Ich kann Ihnen nicht versprechen, dass Ihnen der Inhalt dieses Buches in Ihrer derzeitigen Situation tatsächlich hilft. Sie müssen den Weg durch Ihren Kummer selbst finden.

Falls Sie sich aktuell in medikamentöser Behandlung befinden, reden Sie bitte vorab mit Ihrem behandelnden Arzt.

Ich bin DEIN Buch!

Bekritzel mich!

Mach mich bunt!

Mal mich aus!

Liebeskummer

['liːbəsˌkʊmɐ]

1. unerwiderte Liebe
2. eine furchtbare Qual
3. kann man nicht beurteilen,
wenn man ihn nie erlebt hat

Liebe liebeskummergeplagte Leserin,

dieses Kritzelbuch/Ausfüllbuch/Malbuch ist speziell für dich da, um dich mit deinem Liebeskummer auseinander zu setzen. Dabei ist es gleich, ob du gerade eine schmerzhafte Trennung hinter dir hast oder das Objekt deiner Begierde unerreichbar für dich ist.

Dieses Buch soll dir helfen, besser mit deinem Kummer fertig zu werden. Denn es ist wichtig, deinem Herzschmerz Raum zu geben. Diesen Raum bieten dir die 112 Seiten dieses Buches.

Du kannst auf jeder Seite mit deiner Liebeskummerarbeit beginnen. Ebenso kannst du jederzeit auf eine Seite zurückkehren, wenn du etwas ergänzen möchtest. Wenn du dich nicht imstande fühlst, eine bestimmte Aufgabe zu meistern, mache sie an einem anderen Tag.

Die letzten Seiten dieses Buches darfst du erst ausfüllen, wenn du deinen Liebeskummer überwunden hast.
Deine Letizia

Ich heiße

_____

und habe seit dem _____ . .
Liebeskummer wegen _____ ,
den ich nicht haben kann, weil

_____

_____

_____

_____

_____

_____

Erste Hilfe

Dein Liebeskummer ist noch ganz frisch

Es fühlt sich furchtbar an und du hast das Gefühl, nicht ohne ihn leben zu können. Diese ersten Tagen und Wochen sind am schlimmsten.

Aber du wirst es schaffen!

Er wird dich nicht unterkriegen sondern bedauern, dass du nicht (mehr) seine Partnerin bist.

1. Schritt

Besorg dir eine große Kiste und tu alles hinein, was dich an ihn erinnert:

- Fotos
- Geschenke
- Kleidungsstücke
- Briefe
  etc.

Verstecke die Kiste im Keller.

2. Schritt

 @

Brich den Kontakt ab:

- Lösche seine Kontaktdaten.

- Entfreunde ihn auf Facebook & Co.

- Reagiere nicht auf seine Kontaktversuche.

Der 1. Monat

Heute ist der _____ . . _____ und du
fühlst dich _____ .
Wie geht es dir jetzt?

_____

_____

_____

_____

_____

_____

_____

Wo sitzt dein Schmerz und wie stark ist er?

Der 1. Monat

Wann hast du ihn das letzte Mal kontaktiert? Wie ist es gelaufen?

_____

_____

_____

_____

_____

_____

_____

_____

Wann hast du ihn das letzte Mal gesehen? Wie war es?

_____

_____

_____

_____

Wann hast du das letzte Mal an ihn gedacht? Wie oft denkst du noch an ihn?

_____

_____

_____

Seine Meinung zählt nicht!

Er mag dich nicht, na und?

Du bist schön.
Du bist toll.
Du bist intelligent.
Du bist begehrenswert.
Du bist einzigartig.

Er hat dich gar nicht verdient!

Du bist wichtig!

In deinem Leben zählt nur, was du möchtest. Was sind deine Ziele für dein Leben ohne ihn?

_____

_____

_____

_____

_____

_____

Das Leben geht weiter

Such dir ein neues Hobby:

- Kreatives wie Malen, Schreiben oder Basteln beruhigt.

- Sport sorgt für Ausgeglichenheit.

- Fallschirmspringen u.ä. sorgt für einen ganz besonderen Nervenkitzel.

Nicht schon wieder...

Stürz' dich nicht direkt ins nächste
Abenteuer! Er würde dich für billig
halten. Das willst du nicht!

Männer können dir erstmal gestohlen bleiben.

Du darfst!

Es ist OK, verliebt zu sein.
Es ist OK, zu trauern.
Es ist OK, auch mal schlecht drauf zu sein.
Es ist OK, ihn zu vermissen.
Es ist OK, mal nicht zu funktionieren.
Es ist OK, wenn du ohne ihn glücklich bist.
Es ist OK, wenn du ihn hasst.
Es ist OK, sich nicht alles gefallen zu lassen.
Es ist OK, dir die Zeit zu lassen, die du brauchst.

Du solltest nicht!

Es ist nicht OK, ihn zu stalken.

Es ist nicht OK, ihm Vorwürfe zu machen.

Es ist nicht OK, ihn zu beschimpfen.

Es ist nicht OK, Kontakt zu ihm zu suchen.

Es ist nicht OK, ihn zu idealisieren.

Es ist nicht OK, dich zu verurteilen.

Es ist nicht OK, ihn zu verletzen.

Es ist nicht OK, dich aufzugeben.

Es ist nicht OK, ihn nicht loszulassen.

Aller Anfang ist schwer

Was möchtest du im Umgang
mit ihm vermeiden? Schreib es auf
und erinnere dich immer wieder daran.

_____

_____

_____

_____

_____

_____

Ohne ihn ist dein Leben bunt

Gib ihm einen Namen!

Wenn du mit deinen Freundinnen über ihn sprichst, solltest du ihm bei einem entsprechenden Namen nennen, der nicht seinem Vornamen entspricht. Wenn du noch keinen hast, findest du auf der nächsten Seite eine Auswahl an passenden Ersatznamen für den Mann, der dir das Herz gebrochen hat. Kreuze deine Wahl an!

- [ ] Arschloch
- [ ] Vollidiot
- [ ] Hirni
- [ ] Affe
- [ ] Blödmann
- [ ] Muttersöhnchen
- [ ] Schlappschwanz
- [ ] Scheißkerl
- [ ] Schwein
- [ ]

Dieser Vollidiot!

Er ist ein Monster!

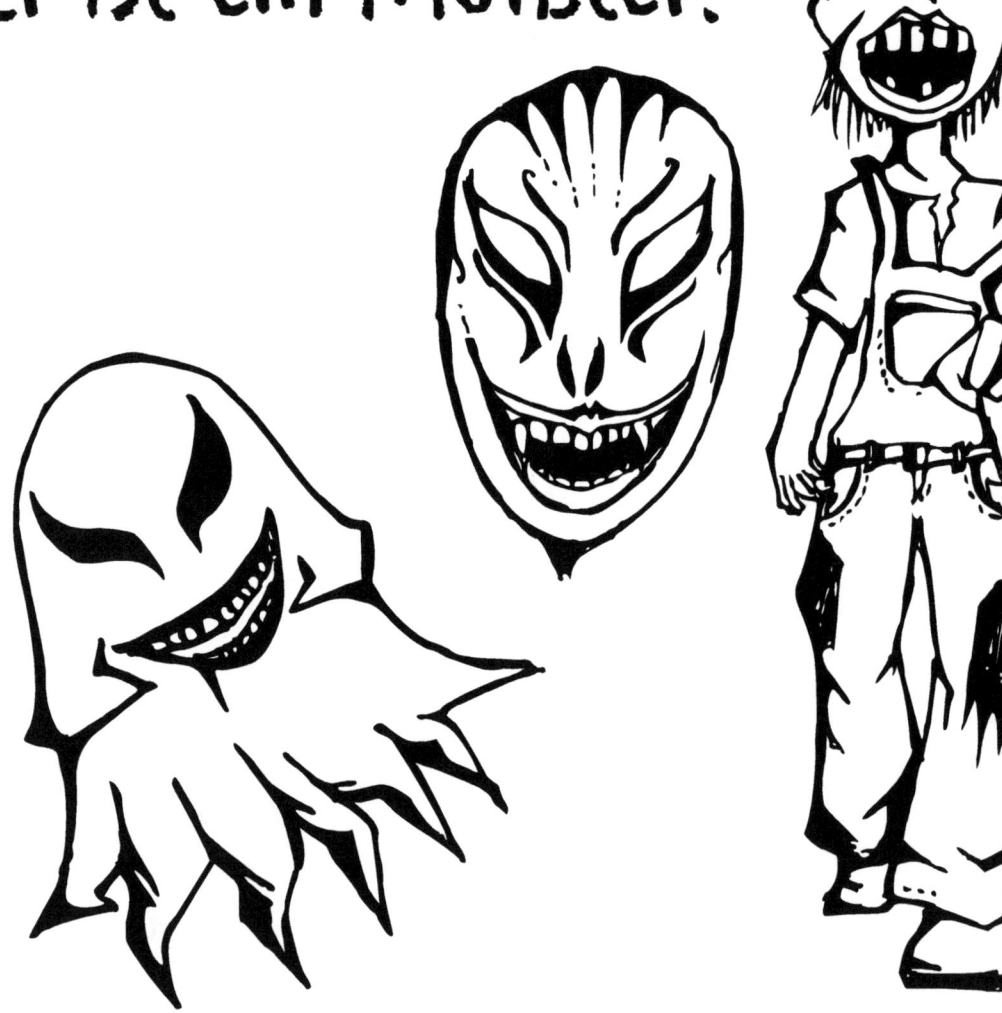

Du hast es immer gewusst.
Male ihn in seiner ganzen Hässlichkeit!

Andere Mütter ...

... haben auch schöne Söhne.

Sei offen für einen Flirt. Du wirst sehen: Es gibt viele tolle Männer und manche stehen sogar total auf dich.

  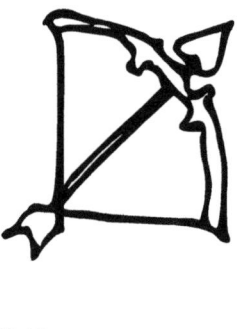

Wer braucht da noch ihn???

Er ist ein schlechter Partner

Warum würdest du anderen von einer Beziehung mit ihm abraten?

_____

_____

_____

_____

_____

_____

_____

_____

„Liebesfreuden dauern nur einen Augenblick, Liebeskummer ein Leben lang."

Jean-Pierre Claris de Florian

Liebe ist ein Geschenk

Schenk deine Liebe nur jemandem, der sie auch zu schätzen weiß.

Was hat er nicht, das deinen nächsten Partner auszeichnen wird?

_____

_____

_____

_____

_____

_____

_____

_____

_____

_____

Ich kann das nicht!!!

Wenn du ihn nicht gänzlich aus deinem Leben verbannen kannst und dich das auffrisst, ist das OK.

Zieh um, wechsle den Job oder die Schule.

Anders kommst du sonst nicht von ihm los!

Du bist keine Option!

Lass dich nicht bequatschen.

Wenn er dich jetzt nicht will, dann will er dich später auch nicht.

Sag es ihm, wenn er dich nicht in Ruhe lässt!

Das hilft immer

Ab vor den Fernseher:

- Schnapp dir Eiscreme, Kuchen, Popcorn: Was auch immer dein Herz begehrt.

- Schau dir die besten Liebesfilme an, die du kennst.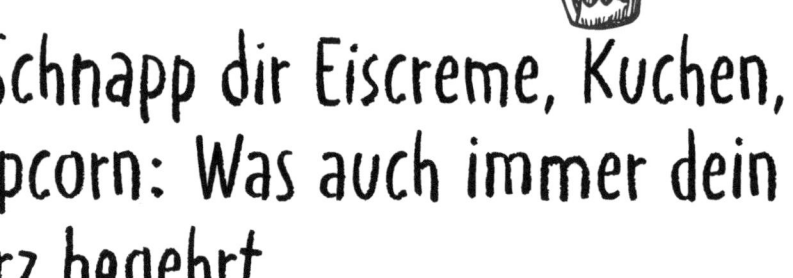

- Lass deinen Tränen freien Lauf.

Du hängst sie alle ab!

Liebeskummer ist der perfekte Anlass, um sich auf die Arbeit zu stürzen.

Wer sagt denn, dass Geld nicht glücklich macht?

Wer? ... ach, der!

Vermeide jeden Kontakt zu ihm, denn das könnte deinen Kummer weiter schüren.

- Geh ihm aus dem Weg.

- Besuche nicht seine Online-Profile.

- Ruf ihn nicht an.

Juhuu, er will mich nicht!

Warum ist es gut, dass ihr kein
Paar seid? Schreib es auf und vergiss es nie!

_____

_____

_____

_____

_____

_____

_____

„Der Mensch sieht oft nur zu spät ein, wie sehr er geliebt wurde, wie vergesslich und undankbar er war und wie groß das verkannte Herz war."

Jean Paul

„Jemanden vergessen wollen heißt, an ihn denken."

Jean de La Bruyère

Er ist ein Vollidiot! Was sind die dümmsten Sachen, die er je zu dir gesagt hat?

Erzähl es allen!

OMG

Deine Freundinnen können es sicher nicht mehr hören, aber du solltest über deinen Kummer sprechen.

Erzähl es der ganzen Welt via Social Media oder Blog.

Bleib fair und beleidige ihn nicht!

Dein Rettungsring

Jeder braucht einen Rettungsring - das, was dich immer aus deinem Loch zieht. Was ist es bei dir? Schreib es in den Ring.

Shoppen

Telefonat mit Mutter

Tanzen

Lesen

Langer Spaziergang

Schokolade

Party mit Freunden

Es geht nicht mehr!

Wenn du am Ende bist:

Geh zum Arzt und lass dich krank schreiben. Liebeskummer kann Depressionen,  Migräneanfälle, Magen-Darm-Beschwerden, Herzinfarkte uvm. hervorrufen.

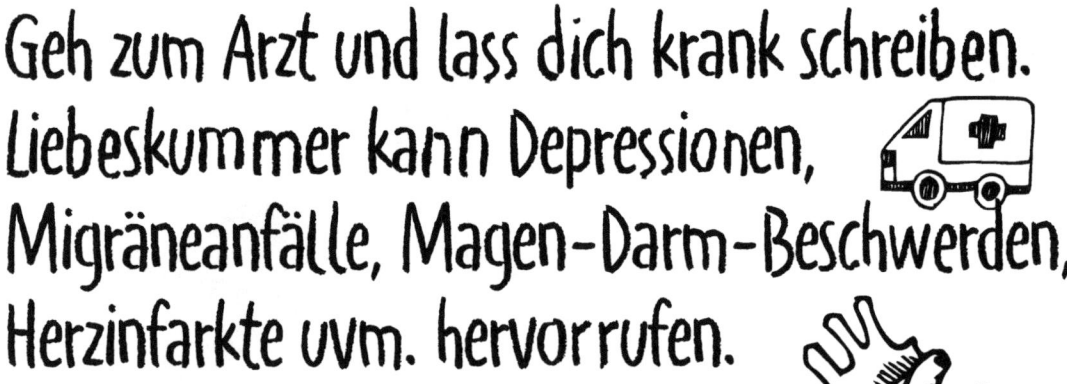

Lass es raus!

Schreib ihm einen Brief, in dem du alles reinschreibst, was du loswerden willst. Sag ihm alles, was du nicht über die Lippen bringen würdest.

Schick den Brief nicht ab!

Gönn dir eine Auszeit!

Mach Urlaub & besuche einen Ort, an dem du bisher noch nie warst. Die neuen Eindrücke werden dich umhauen.

Nimm eine Freundin mit oder genieße die Zeit allein.

Übrigens: Urlaub muss nicht teuer sein!

Er ist eine Flasche

Beschrifte die Flasche, damit alle wissen, dass man sich von ihr fernhalten sollte.

Wunden können heilen.
Narben werden bleiben.

Deine Zukunft wird toll

Schreibe darüber, wie sich deine Zukunft ohne ihn positiv entwickeln wird.

„Tränen reinigen das Herz."

Fjodor Michailowitsch Dostojewski

Weinen ist OK!

Liebeskummer ist meistens eine furchtbare Qual. Es ist vollkommen in Ordnung, sich seinen Gefühlen hinzugeben. Denn nur das, was wir betrauert haben, können wir auch hinter uns lassen.

Mehr Zeit für dich

Denke weniger an ihn und nutze die Zeit stattdessen für schöne Momente oder eigene Projekte.

Du brauchst ihn nicht, um komplett zu sein!

„Wen man am meisten liebt, den kränkt man am ehesten."

Fjodor Michailowitsch Dostojewski

Liebesbrief für dich

Schreibe einen Liebesbrief an dich selbst!
Du brauchst jemanden, der deine Seele
streichelt und dir sagt, wie toll du bist.

_____

_____

_____

_____

_____

_____

„Der Kummer,
der nicht spricht,
nagt am Herzen,
bis es bricht."

William Shakespeare

Du stehst total auf ihn.
Aber niemand ist perfekt.

Was gefällt dir nicht an ihm?

Der 3. Monat

Heute ist der ___ . ___ . ___ und du
fühlst dich _____.

Wie geht es dir jetzt?

_____

_____

_____

_____

_____

_____

_____

Wo sitzt dein Schmerz und wie stark ist er?

Der 3. Monat

Wann hast du ihn das letzte Mal kontaktiert? Wie ist es gelaufen?

_____

_____

_____

_____

_____

_____

_____

Wann hast du ihn das letzte Mal gesehen? Wie war es?

_____

_____

_____

_____

Wann hast du das letzte Mal an ihn gedacht? Wie oft denkst du noch an ihn?

_____

_____

_____

Was kann er dir nicht geben?

Wenn er nicht bei dir ist, ist er nicht der Richtige!

Er ist furchtbar

Welche schlechten Eigenschaften vereint er?

_____

_____

_____

_____

_____

_____

_____

_____

_____

Das hilft immer

Ein Tag in der Stadt:

- Geh shoppen und gönn dir etwas, das du schon lange wolltest.

- Genieß das schöne Wetter im Park, Café, usw.

- Lass es dir gut gehen, z.B. mit einer neuen Frisur.

Du hasst ihn und das ist vollkommen OK.
Lass deine Wut raus!!!

Dieses Männchen ist deine Voodoo-
Puppe.

Tu ihm dort weh, wo es ihm am
meisten weh tut. Steche ihm 1.000
gemalte Nadeln mitten ins Herz.

Du wirst sehen, wie gut dir das tut!

Du bist eine Prinzessin. Er ist nur Fußvolk.

Warum bist du zu gut für ihn?

_____

_____

_____

_____

_____

_____

_____

_____

_____

_____

_____

Keine Zeit!

Pack deinen Terminkalender voll!

Solange du beschäftigt bist, hast du keine Möglichkeit, an ihn zu denken.

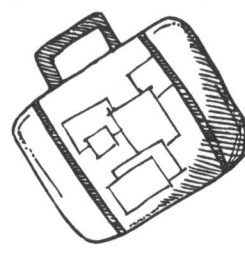

Deine Freunde wissen genau:
Er ist nicht gut für dich.

Was willst du denn von dem?

Was finden sie an ihm ätzend?

_____

_____

_____

_____

_____

_____

_____

Ein echter Kerl holt für dich die Sterne vom Himmel!

Er ist ein Tier

Welches? Warum?

_____

_____

_____

_____

_____

_____

_____

_____

_____

Der 6. Monat

Heute ist der ___ . ___ . ___ und du
fühlst dich ___ .

Wie geht es dir jetzt?

_____

_____

_____

_____

_____

_____

_____

Wo sitzt dein Schmerz und wie stark ist er?

Der 6. Monat

Wann hast du ihn das letzte Mal kontaktiert? Wie ist es gelaufen?

_____

_____

_____

_____

_____

_____

_____

_____

Wann hast du ihn das letzte Mal gesehen? Wie war es?

_____

_____

_____

_____

Wann hast du das letzte Mal an ihn gedacht? Wie oft denkst du noch an ihn?

_____

_____

_____

Manchmal ist die Liebe wie die Katzen.
Sie will nicht schmusen sondern kratzen.

Moodbooster

Womit möchtest du dich in Zukunft öfter beschäftigen? Schreibe alles auf, was dir Spaß macht und deine Stimmung hebt.

Ein anderes Lebewesen

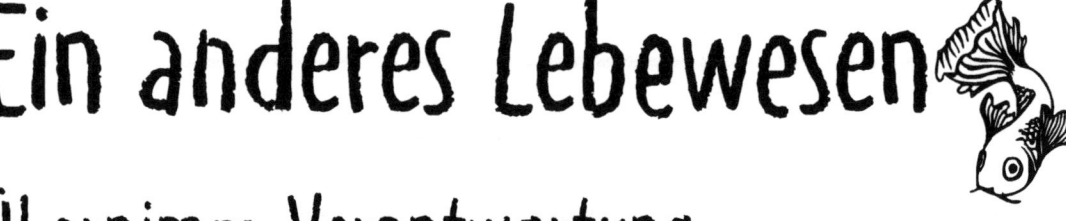

Übernimm Verantwortung
für ein Tier oder eine Pflanze
und kümmere dich gut um
es/sie.

Das Leben ist viel schöner...

...ohne dich!

Was macht ohne ihn alles mehr Spaß??

_____

_____

_____

_____

_____

_____

_____

Abschied nehmen

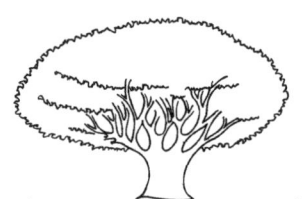

Vergrabe einen Gegenstand oder ein Bild, das dich an ihn erinnert, an einem Ort, den du zum Trauern aufsuchen kannst.

Wähle einen Ort, den du nicht jeden Tag sehen musst.

Male dein tolles Leben ohne ihn

Du bist die Steuerfrau

Überlasse nicht den Ängsten und negativen Gedanken die Führung.

Du bist die Steuerfrau deines Lebens. Navigiere in eine glückliche Zukunft, in der ER Vergangenheit ist!

So is(s)t das Leben

Wenn du eine Fressattacke hast, ist das vollkommen OK.

Behalte aber dein Gewicht und deine Gesundheit im Auge.

Der 12. Monat

Heute ist der ___ . ___ . ___ und du
fühlst dich _____

Wie geht es dir jetzt?

_____

_____

_____

_____

_____

_____

_____

Wo sitzt dein Schmerz und wie stark ist er?

Der 12. Monat

Wann hast du ihn das letzte
Mal kontaktiert? Wie ist es gelaufen?

_____

_____

_____

_____

_____

_____

_____

_____

Wann hast du ihn das letzte Mal gesehen? Wie war es?

_____

_____

_____

_____

Wann hast du das letzte Mal an ihn gedacht? Wie oft denkst du noch an ihn?

_____

_____

_____

Du bist liebenswert

Du bist toll und wirst jemanden finden, der deine Liebe verdient hat.

Nur weil er noch nicht da ist, ist dein Leben nicht schlecht. Warte nicht darauf, dass er an deine Tür klopft. Genieße dein Leben!

Male sein trauriges Leben ohne dich

Erfinde dich neu

Ein Kapitel in deinem Leben ist zu Ende gegangen.

Es wird Zeit, etwas Neues zu wagen! Erfinde dich neu. Zeig allen, dass du noch besser bist als zuvor.

Lache über ihn

An jedem ist etwas Lustiges zu finden. Was ist an ihm lustig? Große Nase, furchtbarer Style?

_____

_____

_____

_____

_____

Lache ihn nicht aus! Beleidige ihn nicht!

Gratulation! ♥ ♥

Du hast deinen Liebeskummer am

 überwunden.

Dein Liebeskummer hat

gedauert.

Du bist wieder bereit für eine neue Liebe.

Du darfst nun hier ein Bild von ihm/euch als Erinnerung einfügen.

Buchempfehlung

„Das Herz, das meine Seele trank,
spricht meinen Namen nicht."

Patricia Welsh schreibt über gebrochene Herzen, Liebeskummer und bittere
Tränen. Denn Liebe kann äußerst schmerzhaft sein. Sie entführt ihre Leser in
die Gefühlswelten Liebe, Trauer, Sehnsucht, Verzweiflung und Wut.
Sie enthüllt die Qualen einer Liebe, die nicht erwidert wird. Und gibt denen
eine Stimme, deren große Liebe nicht gelebt werden kann.

Autor: Patricia Welsh
Titel: Liebe und andere Schmerzen
ISBN: 978-3-744-88346-7
Preis: 9,95 € (D)
Seiten: 128 Seiten